VINICIUS DE MORAES

O CAMINHO
PARA A DISTANCIA

SCHMIDT
— 1933 —

2 Vinicius de Moraes aos sete anos de idade.

3 Detalhe do bairro de Botafogo, no Rio de Janeiro, onde o poeta morou entre 1916 e 1922.

4 Vinicius aos catorze anos de idade.

5 Enseada de Botafogo, Rio de Janeiro, c. 1922.

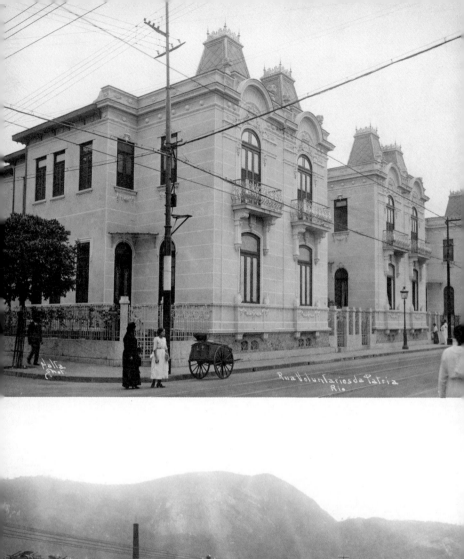

A uma mulher

~~Quando o ar da madrugada abriu de [...] em para a janela~~

Quando a madrugada entrou, eu estendi o meu peito
               nu sobre o teu peito
Estavas trêmula, e o teu rosto pálido, e tuas mãos
       ~~em~~   sem vida.   frias
E ~~em~~ teus olhos ~~havia o sopro de uma pouca~~
~~[...] já uns~~ ~~[...] estava [...]~~ do repouso ~~[...]~~
morava   já a angústia

Tive piedade do teu destino que era morrer no
                  por um segundo meu destino
Quis afastar de ti o fardo da carne
Quis beijar-te num carinho de amante apaixonado
Mas quando meus lábios tocaram teus lábios
Eu compreendi que a morte já estava no teu
                                          corpo
E que era preciso fugir para não perder o úni-
                                 co instante
Em que foste realmente a fuga ao sofrimento,
                  ~~[...] a [...]~~
Em que foste realmente a serenidade.

— 3 —

9,10 No quintal da casa de sua avó paterna, em Botafogo (1928).

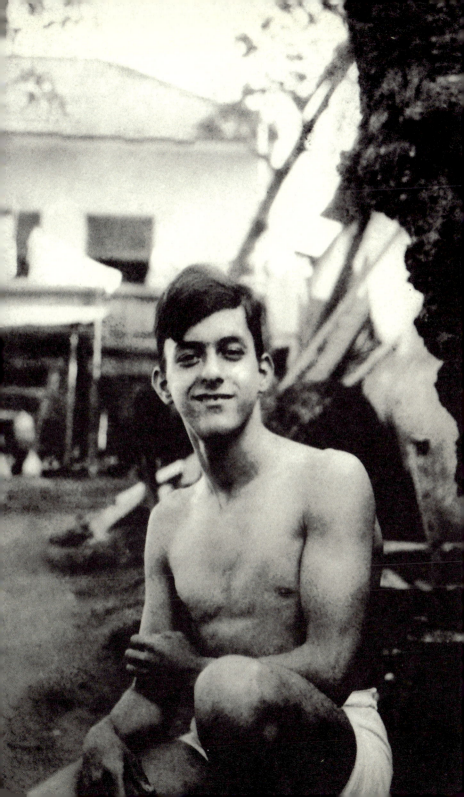

11 Clodoaldo Pereira da Silva Moraes, pai de Vinicius, que, segundo o poeta, foi sua primeira influência no campo da poesia.

12 Vinicius entre amigos no Centro de Preparação de Oficiais da Reserva – CPOR (1931).

13 O poeta por volta dos dezenove anos.

15 Vinicius na sua formatura em direito (1933). Nesse mesmo ano, publica seu primeiro livro, *O caminho para a distância*.

16,17 O poeta em dois momentos, na década de 30.

18 Vinicius em Campo Belo (mais tarde, Itatiaia), no estado do Rio de Janeiro. Entre matas, rios e penhascos, o poeta escreveu muitos de seus primeiros poemas.

Sonoridade

~~Na sombra semsabor do meu quarto~~

~~Na noite pelo ar~~ ~~~~
~~Meus olhos~~ ~~~~
~~Meus olhos cerrados~~
~~Eu~~
Meus ~~~~ ouvidos pousam na ~~noite~~ noite como
                                        aves ~~~~ calmas.
~~~~

Há iluminações no céu se desfazendo.
O grilo é' um coração pulsando no som
                                do espaço
E as folhas farfalham uma murmu~~ração~~
                de coisas passadas ~~~~
Devagarinho...
Em árvores longínquas passaros sonam-
                    -bulos pipilam
E águas desconhecidas escorrem ~~~~
                ~~~~
                sussurros brancos na treva...
~~~~ Na escuta meus olhos se fecham,
~~~~ meus labios se oprimem

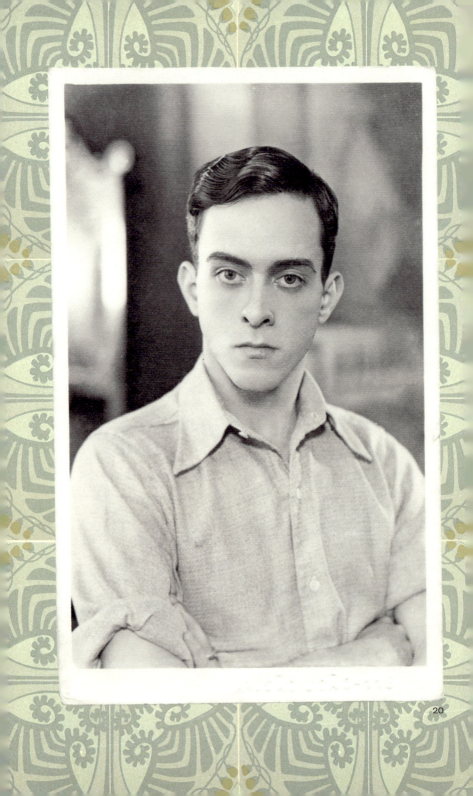

O CAMINHO
PARA A
DISTÂNCIA

O CAMINHO PARA A DISTÂNCIA
1933
VINICIUS DE MORAES

COLEÇÃO
VINICIUS DE MORAES
COORDENAÇÃO
EDITORIAL
EUCANAÃ FERRAZ

Companhia Das Letras

Copyright © 2008 by V.M. Empreendimentos Artísticos e Culturais Ltda.

Capa e projeto gráfico
warrakloureiro
Foto de capa
Botelho/ Coleção Gilberto Ferrez/
Acervo Instituto Moreira Salles
Pesquisa
Eucanaã Ferraz
Daniel Vasilenskas Gil
Natalia Cordoniz Klussman
Preparação
Márcia Copola
Revisão
Alice Silvestre
Carmen S. da Costa

Dados Internacionais de Catalogação na Publicação (CIP)
(Câmara Brasileira do Livro, SP, Brasil)

Moraes, Vinicius de, 1913-1980.
O caminho para a distância / Vinicius de Moraes. — São Paulo:
Companhia das Letras, 2008.

ISBN 978-85-359-1260-9

1. Poesia brasileira I. Título.

08-04793   CDD-869.91

Índice para catálogo sistemático:
1. Poesia: Literatura brasileira 869.91

[2008]
Todos os direitos desta edição reservados à
EDITORA SCHWARCZ LTDA.
Rua Bandeira Paulista 702 cj. 32
04532-002 — São Paulo — SP
Telefone [11] 3707 3500
Fax [11] 3707 3501
www.companhiadasletras.com.br

SUMÁRIO

Místico 9
O terceiro filho 12
O único caminho 13
Introspecção 15
Inatingível 16
Revolta 17
Ânsia 18
Velha história 21
Purificação 22
Sacrifício 24
A floresta 26
Tarde 29
Rua da amargura 30
Vigília 32
O poeta 33
Mormaço 35
Romanza 36
Suspensão 40
Vazio 41
Quietação 42
Olhos mortos 43
A esposa 44
A que há de vir 45
Carne 47
Desde sempre 48
A uma mulher 49
Vinte anos 50
Velhice 52
Fim 54
Extensão 55

Minha mãe 56
Solidão 58
Os Inconsoláveis 59
Senhor, eu não sou digno 61
O bom pastor 62
Sonoridade 64
O poeta na madrugada 66
Judeu errante 67
O vale do paraíso 68
A grande voz 70

posfácio
Os caminhos de uma estréia,
por Antonio Carlos Secchin 75

arquivo
Vinicius de Moraes —
O caminho para a distância,
por João Ribeiro 83

[*O caminho para a distância*],
por Otávio de Faria 85

cronologia 97

créditos das imagens 103

Este livro é o meu primeiro livro. Desnecessário dizer aqui o que ele significa para mim como coisa minha — creio mesmo que um prefácio não o comportaria normalmente.

São cerca de quarenta poemas intimamente ligados num só movimento, vivendo e pulsando juntos, isolando-se no ritmo e prolongando-se na continuidade, sem que nada possa contar em separado. Há um todo comum indivisível.

Seus defeitos de idéia são os meus defeitos de formação. Seus defeitos de construção são os meus defeitos de realizador. Eu o dou tal como o fiz, com todos os arranhões que lhe notei na fixação inicial, virgem de remodelações, na mesma seiva em que sempre viveu.

Ofereço-o aos meus amigos.

V. M.
Rio, 1933

MÍSTICO

O ar está cheio de murmúrios misteriosos
E na névoa clara das coisas há um vago sentido de
                      [espiritualização...
Tudo está cheio de ruídos sonolentos
Que vêm do céu, que vêm do chão
E que esmagam o infinito do meu desespero.

Através do tenuíssimo de névoa que o céu cobre
Eu sinto a luz desesperadamente
Bater no fosco da bruma que a suspende.
As grandes nuvens brancas e paradas—
Suspensas e paradas
Como aves solícitas de luz—
Ritmam interiormente o movimento da luz:
Dão ao lago do céu
A beleza plácida dos grandes blocos de gelo.

No olhar aberto que eu ponho nas coisas do alto
Há todo um amor à divindade.
No coração aberto que eu tenho para as coisas do alto
Há todo um amor ao mundo.
No espírito que eu tenho embebido das coisas do alto
Há toda uma compreensão.

Almas que povoais o caminho de luz
Que, longas, passeais nas noites lindas
Que andais suspensas a caminhar no sentido da luz
O que buscais, almas irmãs da minha?
Por que vos arrastais dentro da noite murmurosa
Com os vossos braços longos em atitude de êxtase?
Vedes alguma coisa
Que esta luz que me ofusca esconde à minha visão?
Sentis alguma coisa
Que eu não sinta talvez?
Por que as vossas mãos de nuvem e névoa
Se espalmam na suprema adoração?
É o castigo, talvez?

Eu já de há muito tempo vos espio
Na vossa estranha caminhada.
Como quisera estar entre o vosso cortejo
Para viver entre vós a minha vida humana...
Talvez, unido a vós, solto por entre vós
Eu pudesse quebrar os grilhões que vos prendem...

Sou bem melhor que vós, almas acorrentadas
Porque eu também estou acorrentado
E nem vos passa, talvez, a idéia do auxílio.
Eu estou acorrentado à noite murmurosa
E não me libertais...
Sou bem melhor que vós, almas cheias de humildade.
Solta ao mundo, a minha alma jamais irá viver convosco.

Eu sei que ela já tem o seu lugar
Bem junto ao trono da divindade
Para a verdadeira adoração.

Tem o lugar dos escolhidos
Dos que sofreram, dos que viveram e dos que compreenderam.

O TERCEIRO FILHO

Em busca dos irmãos que tinham ido
Eu parti com pouco ouro e muita bênção
Sob o olhar dos pais aflitos.

Eu encontrei os meus irmãos
Que a ira do Senhor transformou em pedra
Mas ainda não encontrei o velho mendigo
Que ficava na encruzilhada do bom e do mau caminho
E que se parecia com Jesus de Nazaré…

O ÚNICO CAMINHO

No tempo em que o Espírito habitava a terra
E em que os homens sentiam na carne a beleza da arte
Eu ainda não tinha aparecido.
Naquele tempo as pombas brincavam com as crianças
E os homens morriam na guerra cobertos de sangue.
Naquele tempo as mulheres davam de dia o trabalho
                                [da palha e da lã
E davam de noite, ao homem cansado, a volúpia amorosa
                                        [do corpo.

Eu ainda não tinha aparecido.

No tempo que vinham mudando os seres e as coisas
Chegavam também os primeiros gritos da vinda
                                [do homem novo
Que vinha trazer à carne um novo sentido de prazer
E vinha expulsar o Espírito dos seres e das coisas.

Eu já tinha aparecido.

No caos, no horror, no parado, eu vi o caminho que
                                      [ninguém via
O caminho que só o homem de Deus pressente na treva.
Eu quis fugir da perdição dos outros caminhos
Mas eu caí.
Eu não tinha como o homem de outrora a força da luta
Eu não matei quando devia matar
Eu cedi ao prazer e à luxúria da carne do mundo.
Eu vi que o caminho se ia afastando da minha vista
Se ia sumindo, ficando indeciso, desaparecendo.

Quis andar para a frente.
Mas o corpo cansado tombou ao beijo da última mulher
[que ficara.

Mas não.
Eu sei que a Verdade ainda habita minha alma
E a alma que é da Verdade é como a raiz que é da terra.
O caminho fugiu dos olhos do meu corpo
Mas não desapareceu dos olhos do meu espírito
Meu espírito sabe...
Ele sabe que longe da carne e do amor do mundo
Fica a longa vereda dos destinados do profeta.
Eu tenho esperanças, Senhor.
Na verdade o que subsiste é o forte que luta
O fraco que foge é a lama que corre do monte para o vale.
A águia dos precipícios não é do beiral das casas
Ela voa na tempestade e repousa na bonança.
Eu tenho esperanças, Senhor.
Tenho esperanças no meu espírito extraordinário
E tenho esperança na minha alma extraordinária.
O filho dos homens antigos
Cujo cadáver não era possuído da terra
Há de um dia ver o caminho de luz que existe na treva
E então, Senhor
Ele há de caminhar de braços abertos, de olhos abertos
Para o profeta que a sua alma ama mas que seu espírito
[ainda não possuiu.

INTROSPECÇÃO

Nuvens lentas passavam
Quando eu olhei o céu.
Eu senti na minha alma a dor do céu
Que nunca poderá ser sempre calmo.

Quando eu olhei a árvore perdida
Não vi ninhos nem pássaros.
Eu senti na minha alma a dor da árvore
Esgalhada e sozinha
Sem pássaros cantando nos seus ninhos.

Quando eu olhei minha alma
Vi a treva.
Eu senti no céu e na árvore perdida
A dor da treva que vive na minha alma.

INATINGÍVEL

O que sou eu, gritei um dia para o infinito
E o meu grito subiu, subiu sempre
Até se diluir na distância.
Um pássaro no alto planou vôo
E mergulhou no espaço.
Eu segui porque tinha que seguir
Com as mãos na boca, em concha
Gritando para o infinito a minha dúvida.

Mas a noite espiava a minha dúvida
E eu me deitei à beira do caminho
Vendo o vulto dos outros que passavam
Na esperança da aurora.
Eu continuo à beira do caminho
Vendo a luz do infinito
Que responde ao peregrino a imensa dúvida.

Eu estou moribundo à beira do caminho.
O dia já passou milhões de vezes
E se aproxima a noite do desfecho.
Morrerei gritando a minha ânsia
Clamando a crueldade do infinito
E os pássaros cantarão quando o dia chegar
E eu já hei de estar morto à beira do caminho.

REVOLTA

Alma que sofres pavorosamente
A dor de seres privilegiada
Abandona o teu pranto, sê contente
Antes que o horror da solidão te invada.

Deixa que a vida te possua ardente
Ó alma supremamente desgraçada.
Abandona, águia, a inóspita morada
Vem rastejar no chão como a serpente.

De que te vale o espaço se te cansa?
Quanto mais sobes mais o espaço avança...
Desce ao chão, águia audaz, que a noite é fria.

Volta, ó alma, ao lugar de onde partiste
O mundo é bom, o espaço é muito triste...
Talvez tu possas ser feliz um dia.

ÂNSIA

Na treva que se fez em torno a mim
Eu vi a carne.
Eu senti a carne que me afogava o peito
E me trazia à boca o beijo maldito.

Eu gritei.
De horror eu gritei que a perdição me possuía a alma
E ninguém me atendeu.
Eu me debati em ânsias impuras
A treva ficou rubra em torno a mim
E eu caí!

As horas longas passaram.
O pavor da morte me possuiu.
No vazio interior ouvi gritos lúgubres
Mas a boca beijada não respondeu aos gritos.

Tudo quebrou na prostração.

O movimento da treva cessou ante mim.

A carne fugiu
Desapareceu devagar, sombria, indistinta
Mas na boca ficou o beijo morto.
A carne desapareceu na treva
E eu senti que desaparecia na dor
Que eu tinha a dor em mim como tivera a carne
Na violência da posse.

Olhos que olharam a carne
Por que chorais?
Chorais talvez a carne que foi
Ou chorais a carne que jamais voltará?
Lábios que beijaram a carne
Por que tremeis?
Não vos bastou o afago de outros lábios
Tremeis pelo prazer que eles trouxeram
Ou tremeis no balbucio da oração?
Carne que possuiu a carne
Onde o frio?
Lá fora a noite é quente e o vento é tépido
Gritam luxúria nesse vento
Onde o frio?

Pela noite quente eu caminhei...
Caminhei sem rumo, para o ruído longínquo
Que eu ouvia, do mar.
Caminhei talvez para a carne
Que vira fugir de mim.

No desespero das árvores paradas busquei consolação
E no silêncio das folhas que caíam senti o ódio
Nos ruídos do mar ouvi o grito de revolta
E de pavor fugi.

Nada mais existe para mim
Só talvez tu, Senhor.
Mas eu sinto em mim o aniquilamento...

Dá-me apenas a aurora, Senhor
Já que eu não poderei jamais ver a luz do dia.

VELHA HISTÓRIA

Depois de atravessar muitos caminhos
Um homem chegou a uma estrada clara e extensa
Cheia de calma e luz.
O homem caminhou pela estrada afora
Ouvindo a voz dos pássaros e recebendo a luz forte do sol
Com o peito cheio de cantos e a boca farta de risos.
O homem caminhou dias e dias pela estrada longa
Que se perdia na planície uniforme.
Caminhou dias e dias…
Os únicos pássaros voaram
Só o sol ficava
O sol forte que lhe queimava a fronte pálida.
Depois de muito tempo ele se lembrou de procurar uma fonte
Mas o sol tinha secado todas as fontes.
Ele perscrutou o horizonte
E viu que a estrada ia além, muito além de todas as coisas.
Ele perscrutou o céu
E não viu nenhuma nuvem.

E o homem se lembrou dos outros caminhos.
Eram difíceis, mas a água cantava em todas as fontes
Eram íngremes, mas as flores embalsamavam o ar puro
Os pés sangravam na pedra, mas a árvore amiga velava o sono.
Lá havia tempestade e havia bonança
Havia sombra e havia luz.

O homem olhou por um momento a estrada clara e deserta
Olhou longamente para dentro de si
E voltou.

PURIFICAÇÃO

Senhor, logo que eu vi a natureza
As lágrimas secaram.
Os meus olhos pousados na contemplação
Viveram o milagre de luz que explodia no céu.

Eu caminhei, Senhor.
Com as mãos espalmadas eu caminhei para a massa de seiva
Eu, Senhor, pobre massa sem seiva
Eu caminhei.
Nem senti a derrota tremenda
Do que era mau em mim.
A luz cresceu, cresceu interiormente
E toda me envolveu.

A ti, Senhor, gritei que estava puro
E na natureza ouvi a tua voz.
Pássaros cantaram no céu
Eu olhei para o céu e cantei e cantei.
Senti a alegria da vida
Que vivia nas flores pequenas
Senti a beleza da vida
Que morava na luz e morava no céu
E cantei e cantei.

A minha voz subiu até ti, Senhor
E tu me deste a paz.
Eu te peço, Senhor
Guarda meu coração no teu coração
Que ele é puro e simples.
Guarda a minha alma na tua alma
Que ela é bela, Senhor.
Guarda o meu espírito no teu espírito
Porque ele é a minha luz
E porque só a ti ele exalta e ama.

SACRIFÍCIO

Num instante foi o sangue, o horror, a morte
                    [na lama do chão.
— Segue, disse a voz. E o homem seguiu, impávido
Pisando o sangue do chão, vibrando, na luta.
No ódio do monstro que vinha
Abatendo com o peito a miséria que vivia na terra
O homem sentiu a própria grandeza
E gritou que o heroísmo é das almas incompreendidas.

Ele avançou.
Com o fogo da luta no olhar ele avançou sozinho.
As únicas estrelas que restavam no céu
Desapareceram ofuscadas ao brilho fictício da lua.
O homem sozinho, abandonado na treva
Gritou que a treva é das almas traídas
E que o sacrifício é a luz que redime.

Ele avançou.
Sem temer ele olhou a morte que vinha
E viu na morte o sentido da vitória do Espírito.
No horror do choque tremendo
Aberto em feridas o peito
O homem gritou que a traição é da alma covarde
E que o forte que luta é como o raio que fere
E que deixa no espaço o estrondo da sua vinda.

No sangue e na lama
O corpo sem vida tombou.
Mas nos olhos do homem caído
Havia ainda a luz do sacrifício que redime
E no grande Espírito que adejava o mar e o monte
Mil vozes clamavam que a vitória do homem forte
                             [tombado na luta
Era o novo Evangelho para o homem da paz que
                             [lavra no campo.

A FLORESTA

Sobre o dorso possante do cavalo
Banhado pela luz do sol nascente
Eu penetrei o atalho, na floresta.
Tudo era força ali, tudo era força
Força ascensional da natureza.
A luz que em torvelinhos despenhava
Sobre a coma verdíssima da mata
Pelos claros das árvores entrava
E desenhava a terra de arabescos.
Na vertigem suprema do galope
Pelos ouvidos, doces, perpassavam
Cantos selvagens de aves indolentes.
A branda aragem que do azul descia
E nas folhas das árvores brincava
Trazia à boca um gosto saboroso
De folha verde e nova e seiva bruta.

Vertiginosamente eu caminhava
Bêbado da frescura da montanha
Bebendo o ar estranguladamente.
Às vezes, a mão firme apaziguava
O impulso ardente do animal fogoso
Para ouvir de mais perto o canto suave
De alguma ave de plumagem rica
E após, soltando as rédeas ao cavalo
Ia de novo loucamente à brisa.

De repente parei. Longe, bem longe
Um ruído indeciso, informe ainda
Vinha às vezes, trazido pelo vento.
Apenas branda aragem perpassava
E pelo azul do céu, nenhuma nuvem.
Que seria? De novo caminhando
Mais distinto escutava o estranho ruído
Como que o ronco baixo e surdo e cavo
De um gigante de lenda adormecido.

A cachoeira, Senhor! A cachoeira!
Era ela. Meu Deus, que majestade!
Desmontei. Sobre a borda da montanha
Vendo a água lançando-se em peitadas
Em contorções, em doidos torvelinhos
Sobre o rio dormente e marulhoso
Eu tive a estranha sensação da morte.

Em cima o rio vinha espumejante
Apertado entre as pedras pardacentas
Rápido e se sacudindo em branca espuma.
De repente era o vácuo embaixo, o nada
A queda célere e desamparada
A vertigem do abismo, o horror supremo
A água caindo, apavorada, cega
Como querendo se agarrar nas pedras
Mas caindo, caindo, na voragem
E toda se estilhaçando, espumecente.

Lá fiquei longo tempo sobre a rocha
Ouvindo o grande grito que subia
Cheio, eu também, de gritos interiores.
Lá fiquei, só Deus sabe quanto tempo
Sufocando no peito o sofrimento
Caudal de dor atroz e inapagável
Bem mais forte e selvagem do que a outra.
Feita ela toda da desesperança
De não poder sentir a natureza
Com o espírito em Deus que a fez tão bela.

Quando voltei, já vinha o sol mais alto
E alta vinha a tristeza no meu peito.
Eu caminhei. De novo veio o vento
Os pássaros cantaram novamente
De novo o aroma rude da floresta
De novo o vento. Mas eu nada via.
Eu era um ser qualquer que ali andava
Que vinha para o ponto de onde viera
Sem sentido, sem luz, sem esperança
Sobre o dorso cansado de um cavalo.

TARDE

Na hora dolorosa e roxa das emoções silenciosas
Meu espírito te sentiu.
Ele te sentiu imensamente triste
Imensamente sem Deus
Na tragédia da carne desfeita.

Ele te quis, hora sem tempo
Porque tu eras a sua imagem, sem Deus e sem tempo.
Ele te amou
E te plasmou na visão da manhã e do dia
Na visão de todas as horas
Ó hora dolorosa e roxa das emoções silenciosas.

RUA DA AMARGURA

A minha rua é longa e silenciosa como um caminho que foge
E tem casas baixas que ficam me espiando de noite
Quando a minha angústia passa olhando o alto.
A minha rua tem avenidas escuras e feias
De onde saem papéis velhos correndo com medo do vento
E gemidos de pessoas que estão eternamente à morte.
A minha rua tem gatos que não fogem e cães que não ladram
Tem árvores grandes que tremem na noite silente
Fugindo as grandes sombras dos pés aterrados.
A minha rua é soturna...
Na capela da igreja há sempre uma voz que murmura louvemos
Sozinha e prostrada diante da imagem
Sem medo das costas que a vaga penumbra apunhala.

A minha rua tem um lampião apagado
Na frente da casa onde a filha matou o pai
Porque não queria ser dele.
No escuro da casa só brilha uma chapa gritando quarenta.

A minha rua é a expiação de grandes pecados
De homens ferozes perdendo meninas pequenas
De meninas pequenas levando ventres inchados
De ventres inchados que vão perder meninas pequenas.
É a rua da gata louca que mia buscando os filhinhos
                                    [nas portas das casas.

É a impossibilidade de fuga diante da vida
É o pecado e a desolação do pecado
É a aceitação da tragédia e a indiferença ao degredo
Como negação do aniquilamento.

É uma rua como tantas outras
Com o mesmo ar feliz de dia e o mesmo desencontro
[de noite.
É a rua por onde eu passo a minha angústia
Ouvindo os ruídos subterrâneos como ecos de prazeres
[inacabados.
É a longa rua que me leva ao horror do meu quarto
Pelo desejo de fugir à sua murmuração tenebrosa
Que me leva à solidão gelada do meu quarto...

Rua da amargura...

VIGÍLIA

Eu às vezes acordo e olho a noite estrelada
E sofro doidamente.
A lágrima que brilha nos meus olhos
Possui por um segundo a estrela que brilha no céu.

Eu sofro no silêncio
Olhando a noite que dorme iluminada
Pavorosamente acordado à dor e ao silêncio
Pavorosamente acordado!

Tudo em mim sofre.
Ao peito opresso não basta o ar embalsamado da noite
Ao coração esmagado não basta a lágrima triste que desce,
E ao espírito aturdido não basta a consolação do sofrimento.
Há qualquer coisa fora de mim, não sei, no vago
Como que uma presença indefinida
Que eu sinto mas não tenho.

Meu sofrimento é o maior de todos os sentimentos
Porque ele não precisou a visão que flutua
E não a precisará jamais.
A dor estará em mim e eu estarei na dor
Em todas as minhas vigílias...
Eu sofrerei até o último dia
Porque será meu último dia o último dia da minha mocidade.

O POETA

A vida do poeta tem um ritmo diferente
É um contínuo de dor angustiante.
O poeta é o destinado do sofrimento
Do sofrimento que lhe clareia a visão de beleza
E a sua alma é uma parcela do infinito distante
O infinito que ninguém sonda e ninguém compreende.

Ele é o eterno errante dos caminhos
Que vai, pisando a terra e olhando o céu
Preso pelos extremos intangíveis
Clareando como um raio de sol a paisagem da vida.
O poeta tem o coração claro das aves
E a sensibilidade das crianças.
O poeta chora.
Chora de manso, com lágrimas doces, com lágrimas tristes
Olhando o espaço imenso da sua alma.
O poeta sorri.
Sorri à vida e à beleza e à amizade
Sorri com a sua mocidade a todas as mulheres que passam.
O poeta é bom.
Ele ama as mulheres castas e as mulheres impuras
Sua alma as compreende na luz e na lama
Ele é cheio de amor para as coisas da vida
E é cheio de respeito para as coisas da morte.
O poeta não teme a morte.
Seu espírito penetra a sua visão silenciosa
E a sua alma de artista possui-a cheia de um novo mistério.
A sua poesia é a razão da sua existência
Ela o faz puro e grande e nobre
E o consola da dor e o consola da angústia.

A vida do poeta tem um ritmo diferente
Ela o conduz errante pelos caminhos, pisando a terra
[e olhando o céu
Preso, eternamente preso pelos extremos intangíveis.

MORMAÇO

No silêncio morno das coisas do meio-dia
Eu me esvaio no aniquilamento dos agudíssimos do violino
Que a menina pálida estuda há anos sem compreender.
Eu sinto o letargo das dissonâncias harmônicas
Do vendedor de modinhas e da pedra do amolador
Que trazem a visão de mulheres macilentas dançando
                                        [no espaço
Na moleza das espatifadas da carne.

Eu vou pouco a pouco adormecendo
Sentindo os gritos do violino que penetram em todas as frestas
E ressecam os lábios entreabertos na respiração
Mas que dão a impressão da mediocridade feliz e boa.

Que importa que a imagem do Cristo pregada na parede
                                      [seja a verdade...

Eu sinto que a verdade é a grande calma do sono
Que vem com o cantar longínquo dos galos
E que me esmaga nos cílios longos beijos luxuriosos...

Eu sinto a queda de tudo na lassidão...
Adormeço aos poucos na apatia dos ruídos da rua
E na constância nostálgica da tosse do vizinho tuberculoso
Que há um ano espera a morte que eu morro no sono
                                      [do meio-dia.

ROMANZA

Branca mulher de olhos claros
De olhar branco e luminoso
Que tinhas luz nas pupilas
E luz nos cabelos louros
Onde levou-te o destino
Que te afastou para longe
Da minha vista sem vida
Da minha vida sem vista?

Andavas sempre sozinha
Sem cão, sem homem, sem Deus
Eu te seguia sozinho
Sem cão, sem mulher, sem Deus
Eras a imagem de um sonho
A imagem de um sonho eu era
Ambos levando a tristeza
Dos que andam em busca do sonho.

Ias sempre, sempre andando
E eu ia sempre seguindo
Pisando na tua sombra
Vendo-a às vezes se afastar
Nem sabias quem eu era
Não te assustavam meus passos
Tu sempre andando na frente
Eu sempre atrás caminhando.

Toda a noite em minha casa
Passavas na caminhada
Eu te esperava e seguia
Na proteção do meu passo
E após o curto caminho
Da praia de ponta a ponta
Entravas na tua casa
E eu ia, na caminhada.

Eu te amei, mulher serena
Amei teu vulto distante
Amei teu passo elegante
E a tua beleza clara
Na noite que sempre vinha
Mas sempre custava tanto
Eu via a hora suprema
Das horas da minha vida.

Eu te seguia e sonhava
Sonhava que te seguia
Esperava ansioso o instante
De defender-te de alguém
E então meu passo mais forte
Dizia: quero falar-te
E o teu, mais brando, dizia:
Se queres destruir… vem.

Eu ficava. E te seguia
Pelo deserto da praia
Até avistar a casa
Pequena e branca da esquina.
Entravas. Por um momento
Esperavas que eu passasse
Para o olhar de boa-noite
E o olhar de até-amanhã.

Quase um ano o nosso idílio.
Uma noite... não passaste.
Esperei-te ansioso, inquieto
Mas não vieste. Por quê?
Foste embora? Procuraste
O amor de algum outro passo
Que em vez de seguir-te sempre
Andasse sempre ao teu lado?

Eu ando agora sozinho
Na praia longa e deserta
Eu ando agora sozinho
Por que fugiste? Por quê?
Ao meu passo solitário
Triste e incerto como nunca
Só responde a voz das ondas
Que se esfacelam na areia.

Branca mulher de olhos claros
Minha alma ainda te deseja
Traze ao meu passo cansado
A alegria do teu passo
Onde levou-te o destino
Que te afastou para longe
Da minha vista sem vida
Da minha vida sem vista?

SUSPENSÃO

Fora de mim, fora de nós, no espaço, no vago
A música dolente de uma valsa
Em mim, profundamente em mim
A música dolente do teu corpo
E em tudo, vivendo o momento de todas as coisas
A música da noite iluminada.

O ritmo do teu corpo no meu corpo...
O giro suave da valsa longínqua, da valsa suspensa...
Meu peito vivendo teu peito
Meus olhos bebendo teus olhos, bebendo teu rosto...
E a vontade de chorar que vinha de todas as coisas.

VAZIO

A noite é como um olhar longo e claro de mulher.
Sinto-me só.
Em todas as coisas que me rodeiam
Há um desconhecimento completo da minha infelicidade.
A noite alta me espia pela janela
E eu, desamparado de tudo, desamparado de mim próprio
Olho as coisas em torno
Com um desconhecimento completo das coisas que me
                                                    [rodeiam.
Vago em mim mesmo, sozinho, perdido
Tudo é deserto, minha alma é vazia
E tem o silêncio grave dos templos abandonados.
Eu espio a noite pela janela
Ela tem a quietação maravilhosa do êxtase.
Mas os gatos embaixo me acordam gritando luxúrias
E eu penso que amanhã...
Mas a gata vê na rua um gato preto e grande
E foge do gato cinzento.

Eu espio a noite maravilhosa
Estranha como um olhar de carne.
Vejo na grade o gato cinzento olhando os amores da gata
                                           [e do gato preto
Perco-me por momentos em antigas aventuras
E volto à alma vazia e silenciosa que não acorda mais
Nem à noite clara e longa como um olhar de mulher
Nem aos gritos luxuriosos dos gatos se amando na rua.

QUIETAÇÃO

No espaço claro e longo
O silêncio é como uma penetração de olhares calmos...
Eu sinto tudo pousado dentro da noite
E chega até mim um lamento contínuo de árvores curvas.
Como desesperados de melancolia
Uivam na estrada cães cheios de lua.
O silêncio pesado que desce
Curva todas as coisas religiosamente
E o murmúrio que sobe é como uma oração da noite...

Eu penso em ti.
Minha boca cicia longamente o teu nome
E eu busco sentir no ar o aroma morno da tua carne.
Vejo-te ainda na visão que te precisou no espaço
Ouvindo de olhos dolentes as palavras de amor que eu te dizia
Fora do tempo, fora da vida, na cessação suprema do instante
Ouvindo, junto de mim, a angústia apaixonada da minha voz
Num desfalecimento.

Pelo espaço claro e longo
Vibra a luz branca das estrelas.
Nem uma aragem, tudo parado, tudo silêncio
Tudo imensamente repousado.
E eu cheio de tristeza, sozinho, parado
Pensando em ti.

OLHOS MORTOS

Algum dia esses olhos que beijavas tanto
Numa carícia sem mistérios
Olharão para o céu e pararão.
Nesse dia nem o teu beijo angelizante
Poderá novamente despertá-los.
A luz que lhes boiava nas pupilas
Tu a verás talvez na face magra
Do Cristo prisioneiro entre as mãos crispadas.
Eles serão brancos — a imagem desse céu alto e suspenso
Que foi a sua última visão.
Eles não te dirão mais nada.
Não te falarão aquela linguagem extraordinária
Que te repousava como uma música longínqua.
Não olharão mais nada que uma distância qualquer, longe
Uma distância que nem tu nem ninguém saberá qual é.
Eles estarão abertos, compreensivos da morte, parados
Nem tu conseguirás mais despertá-los.
E eu te peço — tu que tanto amavas repousá-los
Com a luz clara do teu olhar sem martírios —
Não os prendas à angústia triste do teu pranto.
Silêncio... silêncio... Beija-os ainda e vai...
Deixa-os fitando eternamente o céu.

A ESPOSA

Às vezes, nessas noites frias e enevoadas
Onde o silêncio nasce dos ruídos monótonos e mansos
Essa estranha visão de mulher calma
Surgindo do vazio dos meus olhos parados
Vem espiar minha imobilidade.

E ela fica horas longas, horas silenciosas
Somente movendo os olhos serenos no meu rosto
Atenta, à espera do sono que virá e me levará com ele.
Nada diz, nada pensa, apenas olha—e o seu olhar é como
[a luz
De uma estrela velada pela bruma.
Nada diz. Olha apenas as minhas pálpebras que descem
Mas que não vencem o olhar perdido longe.
Nada pensa. Virá e agasalhará minhas mãos frias
Se sentir frias suas mãos.
Quando a porta ranger e a cabecinha de criança
Aparecer curiosa e a voz clara chamá-la num reclamo
Ela apontará para mim pondo o dedo nos lábios
Sorrindo de um sorriso misterioso
E se irá num passo leve
Após o beijo leve e roçagante...

Eu só verei a porta que se vai fechando brandamente...

Ela terá ido, a esposa amiga, a esposa que eu nunca terei.

A QUE HÁ DE VIR

Aquela que dormirá comigo todas as luas
É a desejada de minha alma.
Ela me dará o amor do seu coração
E me dará o amor da sua carne.
Ela abandonará pai, mãe, filho, esposo
E virá a mim com os peitos e virá a mim com os lábios
Ela é a querida da minha alma
Que me fará longos carinhos nos olhos
Que me beijará longos beijos nos ouvidos
Que rirá no meu pranto e rirá no meu riso.
Ela só verá minhas alegrias e minhas tristezas
Temerá minha cólera e se aninhará no meu sossego
Ela abandonará filho e esposo
Abandonará o mundo e o prazer do mundo
Abandonará Deus e a Igreja de Deus
E virá a mim me olhando de olhos claros
Se oferecendo à minha posse
Rasgando o véu da nudez sem falso pudor
Cheia de uma pureza luminosa.
Ela é a amada sempre nova do meu coração
Ela ficará me olhando calada
Que ela só crerá em mim
Far-me-á a razão suprema das coisas.
Ela é a amada da minha alma triste
É a que dará o peito casto
Onde os meus lábios pousados viverão a vida do seu coração

Ela é a minha poesia e a minha mocidade
É a mulher que se guardou para o amado de sua alma
Que ela sentia vir porque ia ser dela e ela dele.

Ela é o amor vivendo de si mesmo.

É a que dormirá comigo todas as luas
E a quem eu protegerei contra os males do mundo.

Ela é a anunciada da minha poesia
Que eu sinto vindo a mim com os lábios e com os peitos
E que será minha, só minha, como a força é do forte
 [e a poesia é do poeta.

CARNE

Que importa se a distância estende entre nós léguas e léguas
Que importa se existe entre nós muitas montanhas?
O mesmo céu nos cobre
E a mesma terra liga nossos pés.
No céu e na terra é tua carne que palpita
Em tudo eu sinto o teu olhar se desdobrando
Na carícia violenta do teu beijo.
Que importa a distância e que importa a montanha
Se tu és a extensão da carne
Sempre presente?

DESDE SEMPRE

Na minha frente, no cinema escuro e silencioso
Eu vejo as imagens musicalmente rítmicas
Narrando a beleza suave de um drama de amor.
Atrás de mim, no cinema escuro e silencioso
Ouço vozes surdas, viciadas
Vivendo a miséria de uma comédia de carne.
Cada beijo longo e casto do drama
Corresponde a cada beijo ruidoso e sensual da comédia
Minha alma recolhe a carícia de um
E a minha carne a brutalidade do outro.
Eu me angustio.
Desespera-me não me perder da comédia ridícula e falsa
Para me integrar definitivamente no drama.
Sinto a minha carne curiosa prendendo-me às palavras
                              [implorantes
Que ambos se trocam na agitação do sexo.
Tento fugir para a imagem pura e melodiosa
Mas ouço terrivelmente tudo
Sem poder tapar os ouvidos.
Num impulso fujo, vou para longe do casal impudico
Para somente poder ver a imagem.

Mas é tarde. Olho o drama sem mais penetrar-lhe a beleza
Minha imaginação cria o fim da comédia que é sempre
                              [o mesmo fim
E me penetra a alma uma tristeza infinita
Como se para mim tudo tivesse morrido.

A UMA MULHER

Quando a madrugada entrou eu estendi o meu peito nu
 [sobre o teu peito
Estavas trêmula e teu rosto pálido e tuas mãos frias
E a angústia do regresso morava já nos teus olhos.
Tive piedade do teu destino que era morrer no meu destino
Quis afastar por um segundo de ti o fardo da carne
Quis beijar-te num vago carinho agradecido.
Mas quando meus lábios tocaram teus lábios
Eu compreendi que a morte já estava no teu corpo
E que era preciso fugir para não perder o único instante
Em que foste realmente a ausência de sofrimento
Em que realmente foste a serenidade.

VINTE ANOS

Pela campina as borboletas se amam ao estrépito das asas.
Tudo quietação de folhas. E um sol frio
Interiorizando as almas.

Mergulhado em mim mesmo, com os olhos errando
                                            [na campina
Eu me lembro da minha juventude.
Penso nela como os velhos na mocidade distante:
— Na minha juventude...

Eu fui feliz nesse passado grato
Viviam então em mim forças que já me faltam.
Possuía a mesma sinceridade nos bons e maus sentimentos.
Aos frenesis da carne se sucediam os grandes misticismos
                                              [quietos.
Era um pequeno condor que ama as alturas
E tem confiança nas garras.
Tinha fé em Deus e em mim mesmo
Confessava-me todo domingo
E tornava a pecar toda segunda-feira
Tinha paixão por mulheres casadas
E fazia sonetos sentimentais e realistas
Que catalogava num grande livro preto
A que tinha posto o nome de Fœderis Arca.

A minha juventude...
Onde eu seguia ansioso Tartarin pelos Alpes
E Júlio Verne foi o mais audaz de todos os cérebros...
Onde Mr. Pickwick era a alegria das noites de frio
E Athos o mais perfeito de todos os homens...
A minha juventude
Onde Cervantes não era o filósofo de D. Quixote...

A minha juventude
E a noite passada em claro chorando Jean Valjean que
                    [Victor Hugo matara...

Como vai longe tudo!
Pesa-me como uma sufocação meus próximos vinte anos
E esta experiência das coisas que aumenta a cada dia.

Medo de ser jovem agora e ser ridículo
Medo da morte futura que a minha juventude desprezava
Medo de tudo, medo de mim próprio
Do tédio das vigílias e do tédio dos dias...
Virá para mim uma velhice como vem para os outros
Que me dissecará na experiência?

Da campina verde voaram as borboletas...

Só a quietação das folhas
E o meu turbilhão de pensamentos.

VELHICE

Virá o dia em que eu hei de ser um velho experiente
Olhando as coisas através de uma filosofia sensata
E lendo os clássicos com a afeição que a minha mocidade
                              [não permite.
Nesse dia Deus talvez tenha entrado definitivamente
                              [em meu espírito
Ou talvez tenha saído definitivamente dele.
Então todos os meus atos serão encaminhados no sentido
                              [do túmulo
E todas as idéias autobiográficas da mocidade terão
                              [desaparecido:
Ficará talvez somente a idéia do testamento bem escrito.
Serei um velho, não terei mocidade, nem sexo, nem vida
Só terei uma experiência extraordinária.
Fecharei minha alma a todos e a tudo
Passará por mim muito longe o ruído da vida e do mundo
Só o ruído do coração doente me avisará de uns restos
                              [de vida em mim.
Nem o cigarro da mocidade restará.
Será um cigarro forte que satisfará os pulmões viciados
E que dará a tudo um ar saturado de velhice.
Não escreverei mais a lápis
E só usarei pergaminhos compridos.
Terei um casaco de alpaca que me fechará os olhos.

Serei um corpo sem mocidade, inútil, vazio
Cheio de irritação para com a vida
Cheio de irritação para comigo mesmo.

O eterno velho que nada é, nada vale, nada vive
O velho cujo único valor é ser o cadáver de uma mocidade
[criadora.

FIM

Será que cheguei ao fim de todos os caminhos
E só resta a possibilidade de permanecer?
Será a Verdade apenas um incentivo à caminhada
Ou será ela a própria caminhada?
Terão mentido os que surgiram da treva e gritaram—Espírito!
E gritaram—Coragem!
Rasgarei as mãos nas pedras da enorme muralha
Que fecha tudo à libertação?
Lançarei meu corpo à vala comum dos falidos
Ou cairei lutando contra o impossível que antolha-me
                                        [os passos
Apenas pela glória de tombar lutando?

Será que eu cheguei ao fim de todos os caminhos...
Ao fim de todos os caminhos?

EXTENSÃO

Eu busquei encontrar na extensão um caminho
Um caminho qualquer para qualquer lugar.
Eu segui ao sabor de todos os ventos
Mas somente a extensão.

Chorei. Prostrado na terra eu olhei para o céu
E pedi ao Senhor o caminho da fé.
Noites e noites foram-se em silêncio
E somente a extensão.

Quis morrer. Talvez a terra fosse o único caminho
E à terra me abracei esperando o meu fim
Porém tudo era terra e eu não quis mais a terra
Que era a grande extensão.

Quis viver. E em mim mesmo eu busquei o caminho
Na ansiedade de uma última esperança
Eu olhei — e volvi à extensão desesperado
Era tudo extensão.

MINHA MÃE

Minha mãe, minha mãe, eu tenho medo
Tenho medo da vida, minha mãe.
Canta a doce cantiga que cantavas
Quando eu corria doido ao teu regaço
Com medo dos fantasmas do telhado.
Nina o meu sono cheio de inquietude
Batendo de levinho no meu braço
Que estou com muito medo, minha mãe.
Repousa a luz amiga dos teus olhos
Nos meus olhos sem luz e sem repouso
Dize à dor que me espera eternamente
Para ir embora. Expulsa a angústia imensa
Do meu ser que não quer e que não pode
Dá-me um beijo na fronte dolorida
Que ela arde de febre, minha mãe.

Aninha-me em teu colo como outrora
Dize-me bem baixo assim: — Filho, não temas
Dorme em sossego, que tua mãe não dorme.
Dorme. Os que de há muito te esperavam
Cansados já se foram para longe.
Perto de ti está tua mãezinha
Teu irmão, que o estudo adormeceu
Tuas irmãs pisando de levinho
Para não despertar o sono teu.
Dorme, meu filho, dorme no meu peito
Sonha a felicidade. Velo eu.

Minha mãe, minha mãe, eu tenho medo
Me apavora a renúncia. Dize que eu fique
Dize que eu parta, ó mãe, para a saudade.
Afugenta este espaço que me prende
Afugenta o infinito que me chama
Que eu estou com muito medo, minha mãe.

SOLIDÃO

Desesperança das desesperanças...
Última e triste luz de uma alma em treva...
—A vida é um sonho vão que a vida leva
Cheio de dores tristemente mansas.

—É mais belo o fulgor do céu que neva
Que os esplendores fortes das bonanças
Mais humano é o desejo que nos ceva
Que as gargalhadas claras das crianças.

Eu sigo o meu caminho incompreendido
Sem crença e sem amor, como um perdido
Na certeza cruel que nada importa.

Às vezes vem cantando um passarinho
Mas passa. E eu vou seguindo o meu caminho
Na tristeza sem fim de uma alma morta.

OS INCONSOLÁVEIS

Desesperados vamos pelos caminhos desertos
Sem lágrimas nos olhos
Desesperados buscamos constelações no céu enorme
E em tudo, a escuridão.
Quem nos levará à claridade
Quem nos arrancará da visão a treva imóvel
E falará da aurora prometida?
Procuramos em vão na multidão que segue
Um olhar que encoraje nosso olhar
Mas todos procuramos olhos esperançosos
E ninguém os encontra.
Aos que vêm a nós cheios de angústia
Mostramos a chaga interior sangrando angústias
E eles lá se vão sofrendo mais.
Aos que vamos em busca de alegria
Mostramos a tristeza de nós mesmos
E eles sofrem, que eles são os infelizes
Que eles são os sem-consolo...

Quando virá o fim da noite
Para as almas que sofrem no silêncio?
Por que roubar assim a claridade
Aos pássaros da luz?
Por que fechar assim o espaço eterno
Às águias gigantescas?
Por que encadear assim à terra
Espíritos que são do imensamente alto?

Ei-la que vai, a procissão das almas
Sem gritos, sem prantos, cheia do silêncio do sofrimento
Andando pela infinita planície que leva ao desconhecido
As bocas dolorosas não cantam
Porque os olhos parados não vêem.
Tudo neles é a paralisação da dor no paroxismo
Tudo neles é a negação do anjo...
                    ... são os Inconsoláveis.

—Águias acorrentadas pelos pés.

SENHOR, EU NÃO SOU DIGNO

Para que cantarei nas montanhas sem eco
As minhas louvações?
A tristeza de não poder atingir o infinito
Embargará de lágrimas a minha voz.
Para que entoarei o salmo harmonioso
Se tenho na alma um de-profundis?
Minha voz jamais será clara como a voz das crianças
Minha voz tem as inflexões dos brados de martírio
Minha voz enrouqueceu no desespero…
Para que cantarei
Se em vez de belos cânticos serenos
A solidão escutará gemidos?
Antes ir. Ir pelas montanhas sem eco
Pelas montanhas sem caminho
Onde a voz fraca não irá.
Antes ir — e abafar as louvações no peito
Ir vazio de cantos pela vida
Ir pelas montanhas sem eco e sem caminho, pelo silêncio
Como o silêncio que caminha…

O BOM PASTOR

Amo andar pelas tardes sem som, brandas, maravilhosas
Com riscos de andorinhas pelo céu.
Amo ir solitário pelos caminhos
Olhando a tarde parada no tempo
Parada no céu como um pássaro em vôo
E que vem de asas largas se abatendo.
Amo desvendar a vaga penumbra que desce
Amo sentir o ar sem movimento, a luz sem vida
Tudo interiorizado, tudo paralisado na oração calma…

Amo andar nessas tardes…
Sinto-me penetrando o sereno vazio de tudo
Como um raio de luz.
Cresço, projeto-me ao infinito, agigantado
Para consolar as árvores angustiadas
E acalmar os pinheiros moribundos.
Desço aos vales como uma sombra de montanha
Buscando poesia nos rios parados.
Sou como o bom pastor da natureza
Que recolhe a alma do seu rebanho
No agasalho da sua alma…

E amo voltar
Quando tudo não é mais que uma saudade
Do momento suspenso que foi...
Amo voltar quando a noite palpita
Nas primeiras estrelas claras...
Amo vir com a aragem que começa a descer das montanhas
Trazendo cheiros agrestes de selva...
E pelos caminhos já percorridos, voltando com a noite
Amo sonhar...

SONORIDADE

Meus ouvidos pousam na noite dormente como aves calmas
Há iluminações no céu se desfazendo...

O grilo é um coração pulsando no sono do espaço
E as folhas farfalham um murmúrio de coisas passadas
Devagarinho...
Em árvores longínquas pássaros sonâmbulos pipilam
E águas desconhecidas escorrem sussurros brancos na treva.
Na escuta meus olhos se fecham, meus lábios se oprimem
Tudo em mim é o instante de percepção de todas as vibrações.
Pela reta invisível os galos são vigilantes que gritam sossego
Mais forte, mais fraco, mais brando, mais longe, sumindo
Voltando, mais longe, mais brando, mais fraco, mais forte.
Batidos distantes de passos caminham no escuro sem almas
Amantes que voltam...

Pouco a pouco todos os ruídos se vão penetrando como dedos
E a noite ora.
Eu ouço a estranha ladainha
E ponho os olhos no alto, sonolento.
Um vento leve começa a descer como um sopro de bênção
Ora pro nobis...

Os primeiros perfumes ascendem da terra
Como emanações de calor de um corpo jovem.

Na treva os lírios tremem, as rosas se desfolham...

O silêncio sopra sono pelo vento
Tudo se dilata um momento e se enlanguesce
E dorme.

Eu vou me desprendendo de mansinho...

A noite dorme.

O POETA NA MADRUGADA

Quando o poeta chegou à cidade
A aurora vinha clareando o céu distante
E as primeiras mulheres passavam levando cântaros cheios.
Os olhos do poeta tinham as claridades da aurora
E ele cantou a beleza da nova madrugada.
As mulheres beijaram a fronte do poeta
E rogaram o seu amor.
O poeta sorriu.
Mostrou-lhes no céu claro o pássaro que voava
E disse que a visão da beleza era da poesia
O poeta tem a alegria que vive na luz
E tem a mocidade que nasce da luz.
As mulheres seguiram o poeta
Oferecendo a tristeza do seu amor e a alegria da sua carne
O poeta amou a carne das mulheres
Mas não envelheceu no amor que elas lhe davam.
O poeta quando ama
É como a flor que murcha sem seiva
Porque o amor do poeta
É a seiva do mundo
E se o poeta amasse
Ele não viveria eternamente jovem, brilhando na luz.

Quando a nova madrugada raiou no céu distante
O poeta já tinha partido
E seguindo o poeta as mulheres de peitos fartos e de cântaros
                                                             [cheios
Falavam de ardentes promessas de amor.

JUDEU ERRANTE

Hei de seguir eternamente a estrada
Que há tanto tempo venho já seguindo
Sem me importar com a noite que vem vindo
Como uma pavorosa alma penada.

Sem fé na redenção, sem crença em nada
Fugitivo que a dor vem perseguindo
Busco eu também a paz onde, sorrindo
Será também minha alma uma alvorada.

Onde é ela? Talvez nem mesmo exista...
Ninguém sabe onde fica... Certo, dista
Muitas e muitas léguas de caminho...

Não importa. O que importa é ir em fora
Pela ilusão de procurar a aurora
Sofrendo a dor de caminhar sozinho.

O VALE DO PARAÍSO

Quando vier de novo o céu de maio largando estrelas
Eu irei, lá onde os pinheiros recendem nas manhãs úmidas
Lá onde a aragem não desdenha a pequenina flor das encostas
Será como sempre, na estrada vermelha a grande pedra
                                    [recolherá sol
E os pequenos insetos irão e virão, e longe um cão ladrará
E nos tufos dos arbustos haverá enredados de orvalho nas
                                    [teias de aranha.
As montanhas, vejo-as iluminadas, ardendo no grande sol
                                    [amarelo
As vertentes algodoadas de neblina, lembro-as suspendendo
                                    [árvores nas nuvens
As matas, sinto-as ainda vibrando na comunhão das sensações
Como uma epiderme verde, porejada.
Na eminência a casa estará rindo no lampejar dos vidros
                                    [das suas mil janelas
A sineta tocará matinas e a presença de Deus não permitirá
                                    [a Ave-Maria
Apenas a poesia estará nas ramadas que entram pela porta
E a água estará fria e todos correrão pela grama
E o pão estará fresco e os olhos estarão satisfeitos.
Eu irei, será como sempre, nunca o silêncio sem remédio
                                    [das insônias
O vento cantará nas frinchas e os grilos trilarão folhas secas
E haverá coaxos distantes a cada instante
Depois as grandes chuvas encharcando o barro e esmagando
                                    [a erva
E batendo nas latas vagas monotonias de cidade.

Eu me recolherei um minuto e escreverei: — "Onde estará
[a volúpia?..."
E as borboletas se fecundando não me responderão.

Será como sempre, será a altura, será a proximidade da
[suprema inexistência
Lá onde à noite o frio imobiliza a luz cadente das estrelas
Lá onde eu irei.

A GRANDE VOZ

É terrível, Senhor! Só a voz do prazer cresce nos ares.
Nem mais um gemido de dor, nem mais um clamor
[de heroísmo
Só a miséria da carne, e o mundo se desfazendo na lama
[da carne.

É terrível, Senhor. Desce teus olhos.
As almas sãs clamam a tua misericórdia.
Elas crêem em ti. Crêem na redenção do sacrifício.
Dize-lhes, Senhor, que és o Deus da Justiça e não da covardia
Dize-lhes que o espírito é da luta e não do crime.

Dize-lhes, Senhor, que não é tarde!

Senhor! Tudo é blasfêmia e tudo é lodo.
Se um lembra que amanhã é o dia da miséria
Mil gritam que hoje é o dia da carne.
Olha, Senhor, antes que seja tarde
Abandona um momento os puros e os bem-aventurados
Desvia um segundo o teu olhar de Roma
Dá remédio a esta infelicidade sem remédio
Antes que ela corrompa os bem-aventurados e os puros.

Não, meu Deus. Não pode prevalecer o prazer e a mentira.
A Verdade é o Espírito. Tu és o Espírito supremo
E tu exigiste de Abraão o sacrifício de um filho.
Na verdade o que é forte é o que mata se o Espírito exige.
É o que sacrifica à causa do bem seu ouro e seu filho.
A alma do prazer é da terra. A alma da luta e do espaço.
E a alma do espaço aniquilará a alma da terra
Para que a Verdade subsista.

Talvez, Senhor meu Deus, fora melhor
Findar a humanidade esfacelada
Com o fogo sagrado de Sodoma.
Melhor fora, talvez, lançar teu raio
E terminar eternamente tudo.
Mas não, Senhor. A morte aniquila — ao fraco a morte
[inglória.
A luta redime — ao forte a luta e a vida.
Mais vale, Senhor, a tua piedade
Mais vale o teu amor concitando ao combate último.

Senhor, eu não compreendo os teus sagrados desígnios.
Jeová — tu chamaste à luta os homens fortes
Tua mão lançou pragas contra os ímpios
Tua voz incitou ao sacrifício da vida as multidões.
Jesus — tu pregaste a parábola suave
Tu apanhaste na face humildemente
E carregaste ao Gólgota o madeiro.
Senhor, eu não os compreendo, teus desígnios.

Senhor, antes de seres Jesus a humanidade era forte
Os homens bons ouviam a doçura da tua voz
Os maus sentiam a dureza da tua cólera.
E depois, depois que passaste pelo mundo
Teu doce ensinamento foi esquecido
Tua existência foi negada
Veio a treva, veio o horror, veio o pecado
Ressuscitou Sodoma.

Senhor, a humanidade precisa ouvir a voz de Jeová
Os fortes precisam se erguer de armas em punho
Contra o mal — contra o fraco que não luta.
A guerra, Senhor, é em verdade a lei da vida
O homem precisa lutar, porque está escrito
Que o Espírito há de permanecer na face da Terra.

Senhor! Concita os fortes ao combate
Sopra nas multidões inquietas o sopro da luta
Precipita-nos no horror da avalancha suprema.
Dá ao homem que sofre a paz da guerra
Dá à terra cadáveres heróicos
Dá sangue quente ao chão!

Senhor! Tu que criaste a humanidade.
Dize-lhe que o sacrifício será a redenção do mundo
E que os fracos hão de perecer nas mãos dos fortes.
Dá-lhe a morte no campo de batalha
Dá-lhe as grandes avançadas furiosas
Dá-lhe a guerra, Senhor!

POSFÁCIO

OS CAMINHOS DE UMA ESTRÉIA
ANTONIO CARLOS SECCHIN

Em geral, os pontos extremos da produção de um autor costumam ser encarados com reservas: no início, o escritor ainda não é ele próprio; no final ele é si mesmo demais. A ausência de marcas individualizadoras e a reiteração excessiva do próprio estilo parecem configurar os pontos de partida e de desfecho de uma obra literária. Daí a tentação, quase irresistível, de se procurar, no que ainda não é, aquilo em que esse não-ser se tornará; e, na outra ponta, o desejo de descobrir, sob o manto do mesmo, as frestas de inovação que a forma cristalizada porventura ainda contenha.

Na moderna poesia brasileira, são poucos os grandes escritores cuja obra de estréia tenha escapado incólume de um severo olhar da crítica ou da severa autocrítica do autor: *Alguma poesia*, de Drummond, *Poemas*, de Murilo Mendes, ambos de 1930... Cecília Meireles eliminou (inclusive, ao que consta, no sentido físico, uma vez que apenas um exemplar parece ter fortuitamente sobrevivido) seu inaugural *Espectros* (1919). Vinicius renegou este *O caminho para a distância*, alijando-o de suas antologias e poemas reunidos. É, portanto, com um misto de cautela e de atração frente a um material "proibido" que devemos nos acercar da obra, levando em conta, porém, dois aspectos, que legitimam a publicação, não obstante as restrições a ela expressas pelo poeta: nem sempre (ou raramente) o escritor é o intérprete mais abalizado de si próprio; e, de qualquer modo, num determinado momento, esta foi a melhor poesia que ele logrou produzir: quando pouco, terá, assim, interesse histórico no chamado "processo de formação" de sua obra.

Aqui, o interesse histórico extrapola a aventura particular de Vinicius e se projeta no painel mais amplo do conceito de modernismo em nossa poesia. Como se sabe, a hegemonia da versão paulistana do movimento acabou minimizando, quando não excluindo, a consideração das demais vertentes da literatura modernista. Afirmar que a geração de 22 foi iconoclasta e a geração de 30 representou a maturidade e a reconstrução poética significa traçar uma empobrecedora linha reta (quando a literatura é plena de sinuosidades) que parte de Mário e Oswald de Andrade e desemboca em Drummond e no Manuel Bandeira de *Libertinagem*. Para além dessa versão, houve outras, entre as quais uma que dialogou com a linhagem simbolista da modernidade (ignorada pelos modernistas de 22), e de que são exemplos as obras de Cecília Meireles e de Augusto Frederico Schmidt. Cecília, a bem dizer, só passou a ser reconhecida no Brasil a partir de *Viagem* (1939), mas a ressonância da poesia de Schmidt foi imediata, desde seu primeiro livro, *Canto do brasileiro*, de 1928. Seria absurdo pensar na obra desses dois poetas como "amadurecimento" das propostas dos protagonistas da Semana de Arte de 22, pois, a rigor, nada devem a ela, do mesmo modo que a "geração de 30" regionalista se formou na esteira de um diálogo com a literatura realista do século XIX, e não sob o influxo de narrativas transgressoras como *Macunaíma* e *Memórias sentimentais de João Miramar*. Cecília e Augusto Frederico tampouco são "antimodernistas", a menos que *modernismo* seja termo de uso privativo do grupo de 22; são, antes, *outros* modernistas. É a essa tendência que se filia o primeiro Vinicius, em 1933, com *O caminho para a distância*.

Que imagem se tem do Vinicius "canônico"? A de um escritor neo-romântico, de grande maestria no domínio das formas fixas, e que privilegia a temática amorosa, sem prejuízo de bem-sucedidas incursões no campo da poesia social. O Vinicius inaugural já é—mais ou menos—assim. É isso, mais o peso de uma religiosidade explícita, e menos o domínio formal. No preâmbulo do volume, o escritor se vale do velho recurso da "autenticidade" como escudo e escusa para o que, na fatura da obra, venha a se revelar menos consistente. Trata-se de textos "vivendo e pulsando juntos", num livro "virgem de remodelações". Como diria —quase um século antes—Álvares de Azevedo, o poeta odeia "o pó que deixa a lima", pretendendo-se, antes, o receptáculo de uma inspiração em estado bruto, intocável em sua (ainda que formalmente imperfeita) pureza lírica. Dizem os versos iniciais da obra: "O ar está cheio de murmúrios misteriosos/ E na névoa clara das coisas há um vago sentido de espiritualização.../ Tudo está cheio de ruídos sonolentos/ Que vêm do céu, que vêm do chão/ E que esmagam o infinito do meu desespero". Ao esfumado da referência corresponde o impreciso da forma: pronome indefinido ("tudo"), muitos adjetivos, passividade do mundo, fragilização do sujeito lírico. Todo o poema é uma convocação à transcendência ("No olhar aberto que eu ponho nas coisas do alto/ Há todo um amor à divindade"), uma súplica pela redenção, e que, ao evocar as almas, recorre a imagens já trabalhadas à exaustão por Cruz e Sousa, inclusive no emprego das reticências finais: "Talvez [...]/ Eu pudesse quebrar os grilhões que vos prendem...".

Tal via de culpa e de expiação religiosa, com a subseqüente retórica profético-salvacionista, reaparece em bom número de peças: "O terceiro filho", "O único caminho" ("Eu sei que a Verdade ainda habita minha alma"), "Inatingível", "Purificação", "Sacrifício". O jogo de salvação/perdição realimenta uma linguagem igualmente binária, em que cada termo traz em si o seu oposto: "Lá havia tempestade e havia bonança/ Havia sombra e havia luz" ("Velha história"). O desejo figura-se igualmente culposo, conforme se lê em "Ânsia" e "Tarde" ("Imensamente sem Deus/ Na tragédia da carne desfeita"). Efetiva profissão de fé simultaneamente romântica e simbolista é "O poeta": "O poeta é o destinado do sofrimento/ [...]/ E a sua alma é uma parcela do infinito distante".

O livro melhora—e muito—quando o infinito se torna mais táctil. Quando, em vez de falar genericamente no "homem", na "Verdade", o poeta fala do que está ao alcance dos sentidos, sem pretensão de alçar-se; quando fala de um mistério—inclusive o erótico-amoroso—circunscrito ao território da contingência humana. Esse viés é o que predomina no segundo terço do livro, a partir de "Mormaço" até "Velhice". Em seguida, no grupo final, de "Fim" ao conclusivo "A grande voz", mesclam-se os dois registros, com prevalência da dicção altissonante do repertório inicial.

No conjunto central—o que mais sinaliza as linhas que o futuro Vinicius iria superiormente desenvolver—opera-se uma espécie de "contracanto" que relativiza a afirmação de certezas religiosas até então expressas. Lê-se em "Mormaço": "Que importa que a imagem do Cristo pregada na parede seja a verdade...// Eu sinto que a verdade é a grande calma do sono/ [...]/ E que me esmaga nos cílios longos beijos luxuriosos...". O desejo enfim emerge, desataviado: "Meu peito vivendo teu peito/ Meus olhos bebendo teus olhos, bebendo teu rosto..." ("Suspensão").

De maior voltagem lírica, num discurso já bem próximo daquele que será a tônica do poeta, é "A que há de vir", poema de promessa à entrega do amor total: "Ela abandonará filho e esposo/ [...]/ Abandonará Deus e a Igreja de Deus/ [...]/ Se oferecendo à minha posse/ [...]/ Ela é o amor vivendo de si mesmo.// É a que dormirá comigo todas as luas/ E a quem eu protegerei contra os males do mundo". E o corpo, vilipendiado em "Tarde", ressurge redimido em "Carne": "No céu e na terra é tua carne que palpita/ Em tudo eu sinto o teu olhar se desdobrando/ Na carícia violenta do teu beijo". De grande delicadeza é o quadro pós-coito elaborado em "A uma mulher". A busca/perseguição frustrada da amada é o mote de um dos mais bem realizados poemas do volume, "Romanza", dez oitavas de versos brancos em redondilha maior. As formas fixas, aliás, escasseiam no volume, restringindo-se, além das oitavas de "Romanza", a apenas três sonetos, dois deles ("Solidão" e "Judeu errante") de sentenciosa fatura parnasiana, em que—*et por cause*—Vinicius permite-se a rima, e ainda a "A floresta" e "Minha mãe", vazados em decassílabos brancos. O humor, tão presente na obra a vir do poeta, comparece em tímidos lampejos, no par seqüenciado "Vinte anos" ("Confessava-me todo domingo/ E tornava a pecar toda segunda-feira/ Tinha paixão por mulheres casadas") e "Velhice".

"Fim", conforme dissemos, assinala o retorno à grandiloqüência: "Lançarei meu corpo à vala comum dos falidos/ Ou cairei lutando contra o impossível que antolha-me os passos/ Apenas pela glória de tombar lutando?". No mesmo diapasão de busca da Verdade, no texto seguinte o poeta confessa: "Chorei. Prostrado na terra eu olhei para o céu/ E pedi ao Senhor o caminho da fé". Sua voz também se infla em "Os Inconsoláveis": "Por que fechar assim o espaço eterno/ Às águias gigantescas?/ Por que encadear assim à terra/ Espíritos que são do imensamente alto?".

Nessa procissão de poemas enfileiram-se ainda "Senhor, eu não sou digno" e, em especial, as imprecações (de novo abastecidas no horror ao corpo) de "A grande voz": "É terrível, Senhor! Só a voz do prazer cresce nos ares./ Nem mais um gemido de dor, nem mais um clamor de heroísmo/ Só a miséria da carne, e o mundo se desfazendo na lama da carne/ [...]/ E a alma do espaço aniquilará a alma da terra/ Para que a Verdade subsista". O tom se alteia ainda mais na sanha punitiva de versos que a obra posterior de Vinicius jamais chancelaria, a exemplo de: "Talvez, Senhor meu Deus, fora melhor/ Findar a humanidade esfacelada/ Com o fogo sagrado de Sodoma". É provável que versos como esses tenham contribuído para que Vinicius não desejasse a reedição de *O caminho para a distância*, ao propagarem um moralismo que a vida e a obra do poeta cabalmente desmentiram. Mas, nesse bloco final de poemas, surgem textos como "Minha mãe", "O poeta na madrugada" e (apesar do título) "O vale do paraíso" que relativizam o peso dessa voz tão inquisidora e tribunícia. No primeiro, o poeta pede à mãe: "Afugenta este espaço que me prende/ Afugenta o infinito que me chama". Eis aí uma das grandes tensões do livro: o embate entre o apelo quase irresistível do infinito, que implica a submissão à transcendência, e um pulsante desejo de apegar-se à imanência. Vinicius circulou pelas duas vias, ainda inseguro de ambas.

Apesar de o autor haver cabalmente afirmado a "unidade" do livro, nele distinguimos, conforme exposto, três blocos. Com isso — e para retomar a analogia inicial com Álvares de Azevedo — o poeta gerou também (e literalmente, pois nasceu em 1913), ainda que de maneira involuntária, uma *Lira dos vinte anos* — que, como a de Álvares, se triparte num segmento inicial ortodoxo, num segundo mais irônico e dessacralizador, e num terceiro que mescla os anteriores.

Em determinado poema, Vinicius indaga: "Será que eu cheguei ao fim de todos os caminhos.../ Ao fim de todos os caminhos?". Cronologicamente, estava apenas palmilhando o princípio de seu próprio itinerário, desde logo, porém, marcado pela ambição e pelo desassombro: pega-se um caminho para chegar a algum lugar; Vinicius tomava um caminho para perder-se de todos eles: tendo por alvo "a distância", seu roteiro não era o de chegar, mas o de afastar-se. A "distância" nunca termina, melhor: margeia a promessa do inalcançável. Todavia, se o caminho não cessa de multiplicar-se, alimentando-se exatamente de suas inestancáveis possibilidades de proliferação, o poeta, a cada momento, é levado a fazer opções. As escolhas do jovem Vinicius, superada a voz dogmática de alguns de seus poemas do livro de estréia, o levariam e o elevariam à condição de maior poeta lírico da poesia brasileira do século xx. Mas essa é uma história a ser contada nos próximos posfácios.

ARQUIVO

VINICIUS DE MORAES –
*O CAMINHO PARA A DISTÂNCIA**
JOÃO RIBEIRO

É um livro de estréia. O sr. Vinicius deseja ser compreendido na continuidade dos seus poemas, que estão "intimamente ligados num só movimento, vivendo e pulsando juntos".
Não é difícil corresponder à ansiedade do jovem poeta. Realmente os seus poemas têm uma forte concatenação pela afinidade dos temas, que, embora distintos, conservam iguais traços fisionômicos.

O caminho para a distância é um livro que contém belezas raras, ditas com elegância e aprumo, raros num primeiro livro. Um dos seus poemas, a "Velhice", é digno de ser integralmente reproduzido nesta breve antologia.
Diz assim:

> Virá o dia em que eu hei de ser um velho experiente
> Olhando as coisas através de uma filosofia sensata
> E lendo os clássicos com a afeição que a minha mocidade
>   [não permite.
> Nesse dia Deus talvez tenha entrado definitivamente em
>   [meu espírito
> Ou talvez tenha saído definitivamente dele.
> Então todos os meus atos serão encaminhados no sentido
>   [do túmulo
> E todas as idéias autobiográficas da mocidade terão
>   [desaparecido:
> Ficará talvez somente a idéia do testamento bem escrito.
> Serei um velho, não terei mocidade, nem sexo, nem vida

---

*Publicado no *Jornal do Brasil*, novembro de 1933.

Só terei uma experiência extraordinária.
Fecharei minha alma a todos e a tudo
Passará por mim muito longe o ruído da vida e do mundo
Só o ruído do coração doente me avisará de uns restos
[de vida em mim.
Nem o cigarro da mocidade restará.
Será um cigarro forte que satisfará os pulmões viciados
E que dará a tudo um ar saturado de velhice.
Não escreverei mais a lápis
E só usarei pergaminhos compridos.
Terei um casaco de alpaca que me fechará os olhos.

Serei um corpo sem mocidade, inútil, vazio
Cheio de irritação para com a vida
Cheio de irritação para comigo mesmo.

O eterno velho que nada é, nada vale, nada vive
O velho cujo único valor é ser o cadáver de uma
[mocidade criadora.

[*O CAMINHO PARA A DISTÂNCIA*]*
OTÁVIO DE FARIA

Livro desigual, fundamentalmente desigual; composto de uns quarenta poemas, a rigor bem diferentes pela forma e pelo valor, *O caminho para a distância* não pode entretanto deixar dúvida no espírito de ninguém quanto à qualidade excepcional do poeta e de sua poesia. Mas, livro de difícil penetração, que só pode ser bem entendido e apreciado quando se volta sobre ele, uma vez lido e uma vez formada no espírito do leitor a figura total do poeta, *O caminho para a distância* não teve, naturalmente, o acolhimento que merecia.

Não quero dizer com isso que tenha passado despercebido como vimos que aconteceu ao poema com que Vinicius de Moraes estreou. No reduzidíssimo público de poesia,** alguns críticos e alguns leitores detiveram-se diante dessa nova voz e lhe fizeram justiça. A maioria não me parece ter prestado grande atenção — do mesmo modo que vem acontecendo aos livros de Augusto Frederico Schmidt... Leu sem reler, admirou ou criticou sem compreender bem. Julgou a forma dos versos, fixou dois ou três estados do poeta, mas não construiu a sua figura total.

Poucos livros no entanto são mais impressionantes para quem o queira ver de perto, vencendo naturalmente certos obstáculos iniciais provenientes de uma certa confusão de linhas ainda pouco firmes, aparentemente contraditórias, que às vezes mesmo chegam a ficar embaraçadas umas nas outras. É que, reunidos num volume só, encontramos poe-

---

*Publicado em *Dois poetas: Augusto Frederico Schmidt e Vinicius de Moraes*, Rio de Janeiro: Ariel, 1935, pp. 239-50.
**... julgo inútil, ridiculamente ingênuo, perder tempo aqui a falar mal do nosso meio literário... por isso fico apenas na constatação.

mas de épocas diversas (como "Místico" e "O terceiro filho" que se seguem no livro e que são no entanto os seus dois extremos cronológicos), de formas diferentes (como "A floresta" e "Sonoridade" que distam léguas um do outro), alguns dando a impressão de terem sido bastante trabalhados (como "Revolta" ou "Extensão"), outros exibindo inocentemente o seu ainda perfeito estado de natureza (como "Velhice" ou "Desde sempre" ou mesmo "Místico" e "A que há de vir"—é verdade que aqui num maravilhoso estado de natureza...).

Como já dissemos, o fio que une todos esses poemas não é muito facilmente acompanhável por quem não tenha ainda construído no seu espírito a figura total do poeta—que é na verdade a explicação final de tudo. Donde, no decorrer da primeira leitura, não se sentir muita harmonia na sucessão dos poemas que não raro mesmo dão a impressão de que coexistem desordenadamente—"A floresta" a dois passos de "Ânsia", "A que há de vir" se seguindo a "A esposa", "Romanza" a "Mormaço", "A grande voz" como que negando o desespero de "Fim", "Judeu errante" desmentindo o oportunismo de sentimentos de "O poeta na madrugada" etc.

Nada que estranhar, no entanto. Num livro "rico" como esse—rico como *Navio perdido* era, acima de tudo, um livro "rico"—e tão rico mesmo, tão abundante em temas, em direções, em possibilidades de variações, que, passado pelos aparelhos de destilação do comum dos nossos poetas, é provável que viesse a se desdobrar em vários volumes—num livro abundante assim seria portanto mais ou menos impossível encontrar o equilíbrio estético, a perfeição de forma e o total bom gosto de sentimentos, de expressões, que aliás, dada a natureza e a mocidade do poeta, se se encontrassem, não poderiam deixar de ser, creio eu, senão prova segura de mediocridade, de fraqueza ou talvez mesmo sintomas positivos de esgotamento.

Pois, o que pode significar, num conjunto de provavelmente mais de mil versos admiráveis, dez ou doze linhas infelizes, um ou outro período mais descuidado? Ou, num volume de quarenta poemas, dois ou três medíocres ("Velhice", "Desde sempre"), dois ou três sem maior interesse ("A floresta", "Carne", "Sacrifício")? Não existem os outros? E nesses não se multiplicam logo os pontos culminantes: "Ânsia", "Sonoridade", "Rua da amargura", "Minha mãe", "Os Inconsoláveis", "Suspensão", "Vigília", "O bom pastor", "A uma mulher", "A que há de vir", "O vale do paraíso", "A esposa", "A grande voz", "O poeta na madrugada", "Fim", "Romanza", "Velha história", "Inatingível", "Quietação", "Extensão"?...

O que falta ao livro em medida, em perfeição técnica, em "experiência poética" sobretudo, sobra, seguramente, em grandeza, em abundância, em riqueza. Nada aqui que faça pensar na habitual pobreza de dádivas pessoais dos nossos poetas. Vinicius de Moraes dá muito e dá realmente de si. Dá um livro grande, rico — um livro farto de vida, de riqueza poética, absolutamente como *Navio perdido* foi um livro farto e um livro rico, excessivo talvez, sem medida, imperfeito até os limites a que ousam chegar os verdadeiros poetas.

É assim *O caminho para a distância*. Essa massa de poemas que se chocam, que se repelem uns aos outros (penso na oposição "de fundo": "A grande voz" — "A que há de vir", ou na "de forma": "O terceiro filho" — "Vinte anos"), evidentemente não estão mortos, nem se lêem plácida, indiferentemente, e uns após outros — como se leria uma reunião de poemas escolhidos destinada a patentear as habilidades diversas do poeta, os inúmeros instrumentos que sabe tocar com igual talento. Ao contrário, e por menos evidente que isso pareça à primeira vista,* estão todos unidos num movimento só, vivem todos, uns contra os outros, uns negando momentaneamente os outros, aquele menos importante abrindo caminho para esse, essencial, e já aquele outro repetindo esse num tom mais alto,

---

*... só desse modo, aliás, se explica, a meu ver, o aviso que nesse sentido o poeta julgou útil nos dar numa pequena nota inicial ou prefácio...

num verdadeiro movimento de "fuga" que é a chave de todo o inegável encanto musical que o livro exerce sobre os que o leram mais de uma vez.

Evidentemente, se esse livro é o que se pode chamar um livro vivo, ele o é pela razão fundamental de que por detrás de suas poesias há um poeta vivendo e vivendo de um modo especialmente intenso. Mas não é minha intenção abordar logo aqui esse ponto, apenas mostrar como o poeta conseguiu transmitir vida ao seu livro, como os seus poemas conseguem viver dentro do todo que constitui *O caminho para a distância*.

Porque — e não me resta a menor dúvida sobre isso — a impressão que se tem ao deixar, ou melhor: ao "compreender" esse livro, é de que se assistiu a todo um movimento, de que se seguiu a manifestação de uma força que evoluiu de todos os modos possíveis diante de nossos olhos, procurando uma solução qualquer, um caminho na treva e uma sombra na luz, correndo e se quebrando de encontro a muralhas altíssimas, fugindo e rolando pelos abismos, procurando a terra e procurando o céu, como que apavorado de parar e de acabar — de uma força portanto que se manifestou em todas as suas possibilidades de projeção, que se deu a nós em toda a sua riqueza.

Dessa sensação de incessante movimento, decorre outra — essa de que o livro continua sempre, mesmo depois de acabado o último verso do último poema. Na verdade o livro prossegue, em busca e no caminho que leva à distância — que, naturalmente, o poeta não alcançou.

Da aceitação de seguir um movimento desses nos seus momentos de exaltação e nos seus períodos de miséria, não se pode sair (não vejo como discordar nesse ponto...) senão desorientado e ansioso, desanimado... Mas, por outro lado, fundamente impressionado com o seu "tamanho", a sua grandeza. E não é possível mais então deixar de realizar que se está diante de um grande livro...

Notar-lhe os pequenos defeitos é relativamente fácil. E não deixa de ser justo, de um certo ponto de vista (e mesmo considerando o tamanho excepcional do livro), pois muitos senões poderiam ter sido evitados por uma simples mudança de palavras, pela atenuação de certos ângulos que dificultam a plena aceitação de vários poemas —a que o poeta se recusou, declarando mesmo na nota com que abre o livro, que o quis dar tal como o fez, "com todos os arranhões que lhe notei na fixação inicial, virgem de remodelações, na mesma seiva em que sempre viveu". De modo que (por não realizar que a qualidade extraordinária da sua poesia exigia todo um cuidado excepcional e o sacrifício da seiva inicial nos seus momentos fracos) comprometeu muitas vezes a perfeição a que podia chegar: deixou-se enganar por uma espécie de escrúpulo, de sinceridade cega que tudo quer conservar e nada reserva para o sacrifício. O que me leva invencivelmente a pensar no que poderiam se ter tornado, a que "qualidade" conseguiriam ter chegado, uma vez vencido esse escrúpulo inicial, muitos dos seus poemas, alguns já bem grandes mesmo tal como estão—especialmente esse "Místico", cujas "visões", expressas do modo pelo qual o foram, já agradam tanto, já dão ao poema tão grande beleza...

Errou portanto o poeta aos nossos olhos furtando-se a tirar do seu livro certas expressões infelizes, certas frases que se arranham porque as idéias que contêm não estão suficientemente expressas em linguagem poética, certos termos de evidente mau gosto, algumas palavras por demais gritantes. Pois, num poeta como o de *O caminho para a distância*, não se justificam de modo nenhum versos como esses:

Rasgando o véu da nudez sem falso pudor

ou:

Olhando as coisas através de uma filosofia sensata
E lendo os clássicos com a afeição que a minha mocidade
[não permite.

ou ainda:

Que vinha trazer à carne um novo sentido de prazer

E ainda:

E em que os homens sentiam na carne a beleza da arte

Como não se lhe pode permitir que fale no "amor da sua carne" e nos "olhos do meu espírito" e no "cadáver de uma mocidade criadora" e nas "idéias autobiográficas da mocidade". Como se é obrigado a lastimar que para exprimir certas idéias, aliás de inegável beleza todas elas, se satisfaça com expressões que gritam vivamente contra a verdadeira linguagem poética, tais como: "sentido de espiritualização" e "sentido da vitória do Espírito" e "paralisação da dor no paroxismo" e "Ela é o amor vivendo de si mesmo...".

Mas é não compreender absolutamente a importância e o valor de *O caminho para a distância* deixar-se deter nesses senões que não atingem senão uns dez ou doze versos num total enorme e que nada significam em relação ao todo, não passando de momentos que, assim lidos, logo se esquecem. Aliás, convém lembrar, à medida que as páginas do livro vão ficando para trás, também esses senões vão desaparecendo, evidenciando-se assim um gradativo aperfeiçoamento na técnica do poeta (em cujo livro a ordem cronológica segue mais ou menos de perto a ordem psicológica que me parece ser a ordenadora suprema na sucessão dos poemas).

E na verdade, se o livro tem poemas onde as falhas a que aludi acima são de importância, comprometendo de certo modo a beleza do todo que cada poesia é (como em "O único caminho", "Místico", "A grande voz", "Purificação", "Sacrifício" e sobretudo em "Velhice"), nos grandes poemas do livro, que são o maior número, quase nada se nota e a beleza da forma domina inteiramente um ou outro substantivo menos poético, uma ou outra combinação de palavras que lembra mais vivamente o vocabulário da prosa ("vitória do Espírito", "beleza da arte", "sentido de prazer" etc.).

Nem podia ser de outro modo num livro admirável como esse. Nem podia ser de outro modo num poeta que mantém em todos os seus poemas (com exceção de dois, talvez...) o mesmo tom elevado, puro, que só os verdadeiros poetas conseguem assim com essa continuidade e que só os grandes, os verdadeiramente privilegiados, logram superar por alguns instantes para atingir mais alto ainda, para chegar aos seus momentos supremos, àqueles em que dão a medida do seu talento. Seja num grito de desespero a cuja pateticidade nada falta:

> Olhos que olharam a carne
> Por que chorais?
> Chorais talvez a carne que foi
> Ou chorais a carne que jamais voltará?
> Lábios que beijaram a carne
> Por que tremeis?
> Não vos bastou o afago de outros lábios
> Tremeis pelo prazer que eles trouxeram
> Ou tremeis no balbucio da oração?
> Carne que possuiu a carne
> Onde o frio?

seja num outro grito de angústia, que esse tem mais ainda toda a beleza de forma dos melhores clássicos:

> Minha mãe, minha mãe, eu tenho medo
> Tenho medo da vida, minha mãe.
> ....

> Minha mãe, minha mãe, eu tenho medo
> Me apavora a renúncia. Dize que eu fique
> Dize que eu parta, ó mãe, para a saudade.
> Afugenta este espaço que me prende
> Afugenta o infinito que me chama
> Que eu estou com muito medo, minha mãe.

seja em momentos em que o poeta consegue parar e sentir com toda a força de que é capaz a sua natureza privilegiada:

> No espaço claro e longo
> O silêncio é como uma penetração de olhares calmos...
> Eu sinto tudo pousado dentro da noite
> E chega até mim um lamento contínuo de árvores curvas.

ou então:

> O grilo é um coração pulsando no sono do espaço

seja por fim em momentos em que os seus sentimentos como que penetram mais longe ainda e atingem essa visão onde os rimbaudianos reconhecem a marca do poeta-vidente:

> Na treva os lírios tremem, as rosas se desfolham...

ou então:

> Há iluminações no céu se desfazendo

Como duvidar de que um poeta desses seja um grande poeta? — ele que consegue chegar a essa precisão no modo de exprimir a sensação poética, de transmitir a emoção que foi sentida uma vez (é todo o poema intitulado "Suspensão"):

> Fora de mim, fora de nós, no espaço, no vago
> A música dolente de uma valsa
> Em mim, profundamente em mim
> A música dolente do teu corpo
> E em tudo, vivendo o momento de todas as coisas
> A música da noite iluminada.
>
> O ritmo do teu corpo no meu corpo...
> O giro suave da valsa longínqua, da valsa suspensa...
> Meu peito vivendo teu peito
> Meus olhos bebendo teus olhos, bebendo teu rosto...
> E a vontade de chorar que vinha de todas as coisas.

e essa outra precisão na compreensão poética das coisas da vida que o leva a viver:

> Na tristeza sem fim de uma alma morta.

e que o impele a dizer, olhando para o mundo, para os que sofrem ao seu lado:

> Aos que vêm a nós cheios de angústia
> Mostramos a chaga interior sangrando angústias
> E eles lá se vão sofrendo mais.

e que o faz chorar quando olha para si e para os seus pobres "olhos mortos":

> E eu te peço — tu que tanto amavas repousá-los
> Com a luz clara do teu olhar sem martírios —
> Não os prendas à angústia triste do teu pranto.
> Silêncio... silêncio... Beija-os ainda e vai...
> Deixa-os fitando eternamente o céu.

Tal é a poesia desse poeta. Tais são os grandes momentos desse livro, que se significa muito como afirmação de "forma", por parte de seu autor, no entanto (e exatamente como aconteceu a *Navio perdido*) é essencialmente a revelação de uma natureza de poeta. Por melhores que sejam, os poemas vêm sempre nele depois do poeta. Contam, sem dúvida contam muito — mas contam sobretudo como manifestação da imensa força poética que está por detrás deles e que naturalmente não pode ser medida por eles, ela que os excede sempre de muito, por melhores que sejam, e que os excede mesmo nos seus momentos excepcionais.

CRONOLOGIA

1913 Nasce Vinicius de Moraes, em 19 de outubro, no bairro da Gávea, Rio de Janeiro, filho de Lydia Cruz de Moraes e Clodoaldo Pereira da Silva Moraes.

1916 A família muda-se para Botafogo, e Vinicius passa a residir com os avós paternos.

1922 Seus pais e os irmãos transferem-se para a ilha do Governador, onde Vinicius constantemente passa suas férias.

1924 Inicia o curso secundário no Colégio Santo Inácio, em Botafogo.

1928 Compõe, com Haroldo e Paulo Tapajós, respectivamente, os foxes "Loura ou morena" e "Canção da noite", gravados pelos Irmãos Tapajós em 1932.

1929 Bacharela-se em letras, no Santo Inácio. Sua família muda-se para a casa contígua àquela onde nasceu o poeta, na rua Lopes Quintas.

1930 Entra para a Faculdade de Direito da rua do Catete.

1933 Forma-se em direito e termina o Curso de Oficial de Reserva. Estimulado por Otávio de Faria, publica seu primeiro livro, *O caminho para a distância*, na Schmidt Editora.

1935 Publica *Forma e exegese*, com o qual ganha o Prêmio Felipe d'Oliveira.

1936 Publica, em separata, o poema *Ariana, a mulher*.

1938 Publica *Novos poemas*. É agraciado com a bolsa do Conselho Britânico para estudar língua e literatura inglesas na Universidade de Oxford (Magdalen College), para onde parte em agosto do mesmo ano. Trabalha como assistente do programa brasileiro da BBC.

1939 Casa-se, por procuração, com Beatriz Azevedo de Mello. Regressa da Inglaterra em fins do mesmo ano, devido à eclosão da Segunda Grande Guerra.

1940 Nasce sua primeira filha, Susana. Passa longa temporada em São Paulo.

1941 Começa a escrever críticas de cinema para o jornal *A Manhã* e colabora no "Suplemento Literário".

1942 Nasce seu filho, Pedro. Faz uma extensa viagem ao Nordeste do Brasil acompanhando o escritor americano Waldo Frank.

1943 Publica *Cinco elegias*. Ingressa, por concurso, na carreira diplomática.

1944 Dirige o "Suplemento Literário" d'*O Jornal*.

1946 Parte para Los Angeles, como vice-cônsul, em seu primeiro posto diplomático. Publica *Poemas, sonetos e baladas* (372 exemplares, com ilustrações de Carlos Leão).

1947 Estuda cinema com Orson Welles e Gregg Toland. Lança, com Alex Viany, a revista *Filme*.

1949 Publica *Pátria minha* (tiragem de cinqüenta exemplares, em prensa manual, por João Cabral de Melo Neto, em Barcelona).

1950 Morre seu pai. Retorna ao Brasil.

1951 Casa-se com Lila Bôscoli. Colabora no jornal *Última Hora* como cronista diário e, posteriormente, como crítico de cinema.

1953 Nasce sua filha Georgiana. Colabora no tablóide semanário "Flan", de *Última Hora*. Edição francesa das *Cinq élégies*, nas edições Seghers. Escreve crônicas diárias para o jornal *A Vanguarda*. Segue para Paris como segundo-secretário da embaixada brasileira.

1954 Publica *Antologia poética*. A revista *Anhembi* edita sua peça *Orfeu da Conceição*, premiada no concurso de teatro do IV Centenário da cidade de São Paulo.

1955 Compõe, em Paris, uma série de canções de câmara com o maestro Claudio Santoro. Trabalha, para o produtor Sasha Gordine, no roteiro do filme *Orfeu negro*.

1956 Volta ao Brasil em gozo de licença-prêmio. Nasce

sua terceira filha, Luciana. Colabora no quinzenário *Para Todos*. Trabalha na produção do filme *Orfeu negro*. Conhece Antonio Carlos Jobim e convida-o para fazer a música de *Orfeu da Conceição*, musical que estréia no Teatro Municipal do Rio de Janeiro. Retorna, no fim do ano, a seu posto diplomático em Paris.

1957 É transferido da embaixada em Paris para a delegação do Brasil junto à Unesco. No fim do ano é removido para Montevidéu, regressando, em trânsito, ao Brasil. Publica *Livro de sonetos*.

1958 Parte para Montevidéu. Casa-se com Maria Lúcia Proença. Sai o LP *Canção do amor demais*, de Elizete Cardoso, com músicas suas em parceria com Tom Jobim.

1959 Publica *Novos poemas II*. *Orfeu negro* ganha a Palme d'Or do Festival de Cannes e o Oscar de Melhor Filme Estrangeiro.

1960 Retorna à Secretaria do Estado das Relações Exteriores. Segunda edição (revista e aumentada) de *Antologia poética*.

Edição popular da peça *Orfeu da Conceição*. É lançado *Recette de femme et autres poèmes*, tradução de Jean-Georges Rueff, pelas edições Seghers.

1961 Começa a compor com Carlos Lyra e Pixinguinha. É publicada *Orfeu negro*, com tradução italiana de P. A. Jannini, pela Nuova Academia Editrice.

1962 Começa a compor com Baden Powell. Compõe, com Carlos Lyra, as canções do musical *Pobre menina rica*. Em agosto, faz show com Tom Jobim e João Gilberto na boate Au Bon Gourmet. Na mesma boate, apresenta o espetáculo *Pobre menina rica*, com Carlos Lyra e Nara Leão. Compõe com Ari Barroso. Publica *Para viver um grande amor*, livro de crônicas e poemas. Grava, como cantor, disco com a atriz e cantora Odete Lara.

1963 Começa a compor com Edu Lobo. Casa-se com Nelita Abreu Rocha e parte para um posto em Paris, na delegação do Brasil junto à Unesco.

1964 Regressa de Paris e colabora com crônicas semanais para a revista *Fatos e Fotos*, assinando, paralelamente, crônicas sobre música popular para o *Diário Carioca*. Começa a compor com Francis Hime. Faz show (transformado em LP) com Dorival Caymmi e o Quarteto em Cy na boate carioca Zum-Zum.

1965 Publica a peça *Cordélia e o peregrino*, em edição do Serviço de Documentação do Ministério da Educação e Cultura. Ganha o primeiro e o segundo lugares do I Festival de Música Popular Brasileira da TV Excelsior de São Paulo, com "Arrastão" (parceria com Edu Lobo) e "Valsa do amor que não vem" (parceria com Baden Powell). Trabalha com o diretor Leon Hirszman no roteiro do filme *Garota de Ipanema*. Volta à apresentação com Caymmi, na boate Zum-Zum.

1966 São feitos documentários sobre o poeta pelas televisões americana, alemã, italiana e francesa, os dois últimos realizados pelos diretores Gianni Amico e Pierre Kast.

Publica *Para uma menina com uma flor*. Faz parte do júri do Festival de Cannes.

1967 Publica a segunda edição (aumentada) do *Livro de sonetos*. Estréia o filme *Garota de Ipanema*.

1968 Falece sua mãe, em 25 de fevereiro. Publica *Obra poética*, organizada por Afrânio Coutinho, pela Companhia Aguilar Editora.

1969 É exonerado do Itamaraty. Casa-se com Cristina Gurjão.

1970 Casa-se com Gesse Gessy. Nasce sua filha Maria Gurjão. Início de sua parceria com Toquinho.

1971 Muda-se para a Bahia. Viaja para a Itália.

1972 Retorna à Itália com Toquinho, onde gravam o LP *Per vivere un grande amore*.

1975 Excursiona pela Europa. Grava, com Toquinho, dois discos na Itália.

1976 Casa-se com Marta Rodrigues Santamaria.

1977 Grava LP em Paris, com Toquinho. Show com Tom, Toquinho e Miúcha, no Canecão.

1978 Excursiona pela Europa com Toquinho. Casa-se com Gilda de Queirós Mattoso.

1980 Morre, na manhã de 9 de julho, em sua casa, na Gávea.

CRÉDITOS DAS IMAGENS

Todos os esforços foram feitos para determinar a origem das imagens deste livro. Nem sempre isso foi possível. Teremos prazer em creditar as fontes, caso se manifestem.

1. Acervo Arquivo – Museu de Literatura Brasileira, da Fundação Casa de Rui Barbosa
2. DR/ Acervo VM.
3. Augusto Malta/ Acervo Instituto Moreira Salles.
4. DR/ Acervo VM.
5. Thiele/ Coleção Gilberto Ferrez/ Acervo Instituto Moreira Salles.
6. Augusto Malta/ Acervo Instituto Moreira Salles.
7. Augusto Malta/ Acervo Instituto Moreira Salles.
8. Acervo Arquivo – Museu de Literatura Brasileira, da Fundação Casa de Rui Barbosa
9. DR/ Acervo VM.
10. DR/ Acervo VM.
11. DR/ Acervo VM.
12. DR/ Acervo VM.
13. DR/ Acervo VM.
14. Augusto Malta./ Fundação Museu da Imagem e do Som do Estado do Rio de Janeiro – FMIS.
15. DR/ Acervo VM.
16. DR/ Acervo VM.
17. DR/ Acervo VM.
18. DR/ Acervo VM.
19. Acervo Arquivo – Museu de Literatura Brasileira, da Fundação Casa de Rui Barbosa
20. DR/ Acervo VM.

ESTA OBRA FOI COMPOSTA EM
FAIRFIELD POR WARRAKLOUREIRO
E IMPRESSA EM OFSETE
PELA RR DONNELLEY SOBRE
PAPEL PÓLEN BOLD DA
SUZANO PAPEL E CELULOSE
PARA A EDITORA SCHWARCZ
EM JULHO DE 2008